MUJERES ALTERADAS **5**

Para Amaya, Juan Pablo y Antonia.

Cuando publiqué mi primer libro se lo dediqué a mis hijos
Amaya y Juan Pablo, que para ese entonces eran mis primeros
y casi únicos lectores.
Hoy, siete años y cuatro libros más tarde, cuando ya
conseguí tener una buena cantidad de seguidores,
quiero volver a dedicarles un libro a ellos, pero esta vez…
porque ya no me leen.
Por aquel entonces ellos eran mis únicos hijos y hoy, algunos
avatares sentimentales más tarde, ya no lo son.
Por eso quiero agregar en esta dedicatoria a la pequeña
Antonia, que con sus veinte meses todavía no puede elegir
no leerme, pero que, como buena hija, seguramente
ya lo hará alguna vez.

*Sudamericana - Lumen*

# MAITENA

MUJERES ALTERADAS **5**

Burundarena, Maitena
    Mujeres Alteradas 5. – 5ª ed. – Buenos Aires : Sudamericana, 2004.
    96 p. , 23x16 cm.

    ISBN 950-07-2337-9

    1. Humor Gráfico Argentino. I. Título
    CDD A867

diseño: Alejandro Ros
foto: Amaya Bouquet

Quinta edición en este formato: mayo de 2004

Impreso en la Argentina
Queda hecho el depósito que previene la ley 11.723.
© 2001, Maitena
© 2001, Editorial Lumen S.A.
Edición autorizada para la Argentina:
Editorial Sudamericana
Humberto I 531, Buenos Aires
www.edsudamericana.com.ar

ISBN 950-07-2337-9

# Las típicas dos caras de la misma moneda

## (...y el saludable punto medio ¿dónde queda?)

ESTAR EXULTANTE... | ...O DEPRIMIDA.

SENTIRTE LA MÁS DIOSA... | ...O LA MÁS CUCARACHA.

SER DEPENDIENTE... | ...O NO NECESITAR A NADIE.

PRODUCIRTE PARA IR AL SÚPER... | ...O IR A UN CASAMIENTO EN OJOTAS.

SALIR TODAS LAS NOCHES... | ...O ENCERRARTE EN TU CASA.

TENER CINCO AMANTES... | ...O PASARTE UN AÑO SIN TOCAR A NADIE.

# Cómo terminar con una crisis de pareja

# Amores no correspondidos

9

# Ecuación matemática

# los hombres las prefieren tontas

# El delicado hilo que ata la felicidad

# Esas cuatro malditas cifras

# Esos momentos en que no podés contener tu estúpida risa

# La nueva realidad que encuentra una mujer que sale con la vieja fantasía de conocer a alguien

( LLEGA A UNA FIESTA, REUNIÓN, DISCO O BAR... ¿Y QUÉ HAY? )

| 20% GAYS | 50% CASADOS | 30% MUJERES SOLAS |
|---|---|---|

¡Uau! ¡Al fin conozco un tipo al que le gustan las mismas cosas que a mí! ¡Qué fuerte! Coincidimos en cine, libros, moda, viajes, música, humor...

¿Y a que vos también adorás a Leo di Caprio?

¿Tenés fuego...?

No. Nosotros no fumamos

...menos mal que el hombre de mis sueños no vino a esta fiesta... ¡Porque seguro que se iba con otra...!

100% NADA. ( VUELVE A CASA, SE SACA EL MAQUILLAJE Y SE METE EN LA CAMA, SOLA. )

...encima fumé como un murciélago, bebí como un cosaco ...y me tengo que levantar en cuatro horas... ¡Para irme a trabajar con la resaca...!

Maitena

# Dime con quién sales y te diré qué piensa la gente

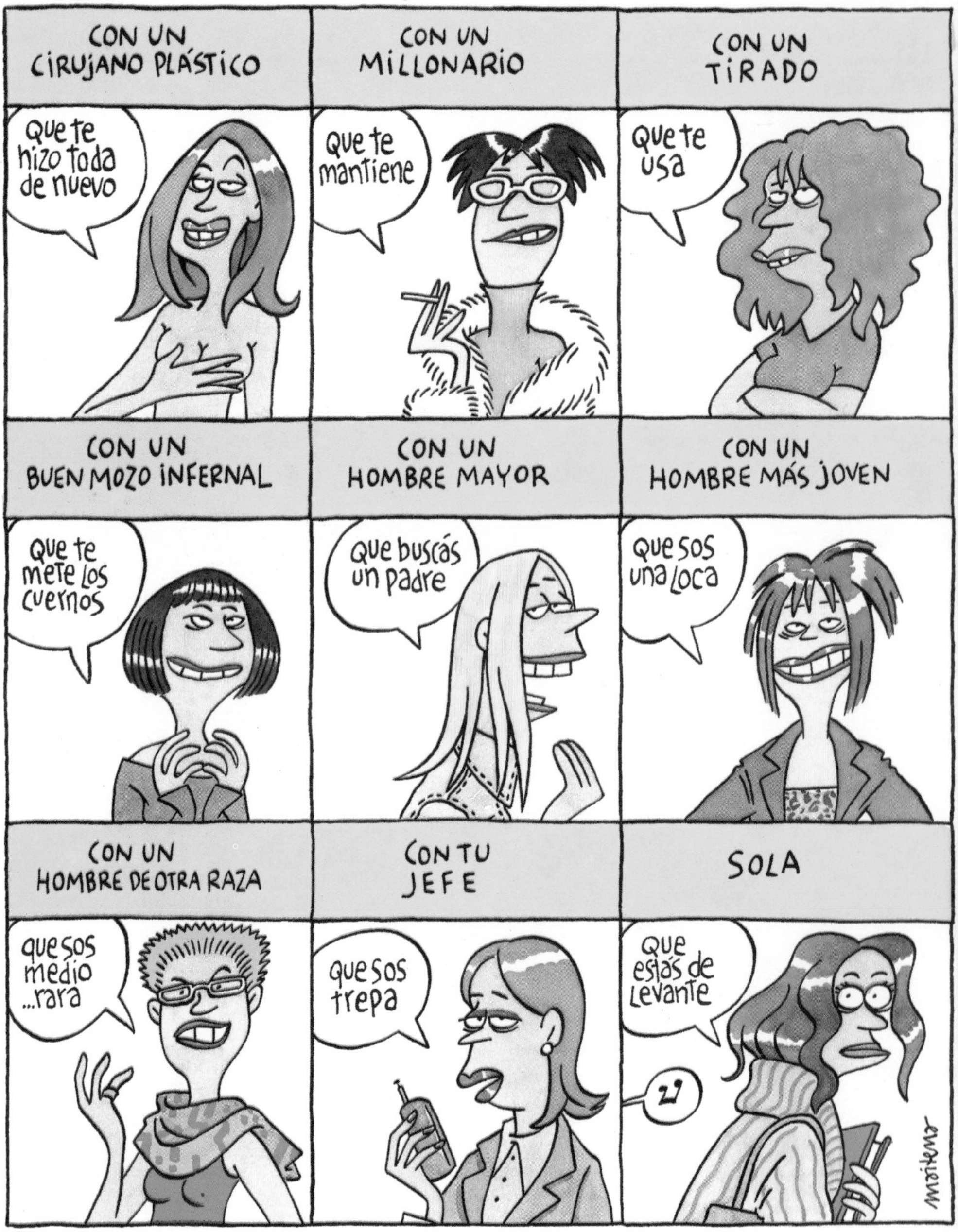

# Esas cosas vacías que te llenan de furia

| LA CUBETERA DE HIELO | EL COMPACT QUE TE DEVOLVIERON | ESE ARCHIVO QUE COPIASTE MAL |
| EL FRASCO DE SHAMPÚ | EL PORTARROLLO DEL PAPEL HIGIÉNICO | EL PAQUETE DE SAL |
| EL TANQUE DE NAFTA | EL ATADO DE CIGARRILLOS | LA CABEZA DEL OTRO |

maitens

# lleno de nada

# todo sea por verse bien

# tres tristes tragedias
## a la hora de comprarte un traje de baño

## EL PROBADOR

ES LO OPUESTO A LA VIDRIERA DE UN LOCAL.

TODO LO QUE ENLOQUECÉS AL VER DESDE LA VEREDA, DESISTÍS DE COMPRARLO CUANDO ESTÁS **AHÍ** ADENTRO.

SUELEN SER PEQUEÑOS, INCÓMODOS, CALUROSOS Y ESTAR MAL CERRADOS. ...PERO SOBRE TODO **TERRORÍFICAMENTE ILUMINADOS.**

EN EL MEJOR DE LOS CASOS EL MAL MOMENTO PUEDE VIVIRSE EN LA INTIMIDAD DEL 1m x 1m. PERO, GENERALMENTE, ADEMÁS HAY QUE PASEAR LA HUMILLACIÓN ANTE TERCEROS EN BUSCA DE UN ESPEJO DE CUERPO ENTERO QUE ESTÁ ... **AFUERA.**

## LA MALLA

ENCONTRAR UN TRAJE DE BAÑO QUE TE QUEDE BIEN ES MÁS DIFÍCIL QUE ENAMORARTE DEL HOMBRE INDICADO.

LAS BIKINIS SON DOS PIEZAS. ...QUE JAMÁS TE QUEDAN BIEN JUNTAS.

¡lleve 2x1! ...Para usar el corpiño de una con la bombacha de otra...!

LAS DE **MODA** DEBERÍAN LLAMARSE LAS DE **JODA**, PORQUE SIEMPRE TE QUEDAN COMO UN CHISTE...MALO.

LAS DE **TRIANGULITOS** SON PARA CUERPOS PERFECTOS. NUNCA PARA CUERPOS **CUADRADITOS** O **REDONDITOS** COMO EL TUYO.

SI OPTÁS POR UNA ENTERA... ¡ANDÁ A ENCONTRARLA!

el 60% = TIENE CORTE DE VIEJA.
el 30% = ES DE ESTAMPADO MULTIHORROR.
el 10% = ESTÁ MUY BIEN. Y SE CONSIGUE EN NEW YORK.

PERO LO PEOR ...SON LOS **ELÁSTICOS.**

..TIENEN LA ESPANTOSA COSTUMBRE DE ESTAR TAN APRETADOS COMO BLANDA ESTÉS VOS

...PROVOCANDO EL DESAGRADABLE **"EFECTO MATAMBRE"**

## TU CUERPO

TODO LO QUE LA ROPA DISIMULA CON AMOR EL TRAJE DE BAÑO LO DELATA SIN PIEDAD.

EL CORPIÑO ESCOTADO DESCHAVA LAS ESTRÍAS. ...ESO EN EL CASO, CLARO, DE QUE TODAVÍA TENGAS LOLAS.

(SI NO TENÉS, DIRECTAMENTE TE QUEDA ...**TRISTE**.)

SI LA INTENCIÓN ES TAPAR ALGUNA MARCA DE LA PANZA, COMO APENDICITIS O CESÁREA, SIEMPRE PODÉS RECURRIR A UNA BOMBACHA ALTA. ...QUE, POR SUPUESTO, ¡TE ACHATA LA COLA!

(...O ESO QUE TENÉS AHÍ, DONDE TERMINA LA ESPALDA)

Y DESPUÉS, BUENO...SÓLO QUEDAN **EXPUESTAS** ESAS DOS O TRES PAVADAS IMPOSIBLES DE DISIMULAR

(...LA FLACCIDEZ, LAS CADERAS ANCHAS, LAS PANTORRILLAS FLACAS, LA PANZA, LOS BRAZOS FLOJOS, EL ROLLITO EN LA ESPALDA)

Y... **ELLA**, POR SUPUESTO, ¡NADA COMO LA MALLA PARA LUCIRLA EN TODO SU ESPLENDOR!

¡no! ¡¡más celulitis nooo...!!

maitena

# Consejos prácticos para sembrar las flores que queremos ver crecer esta primavera

PARA EMPEZAR ES ABSOLUTAMENTE NECESARIO LIMPIAR EL TERRENO DE ANSIEDAD, AUTODESVALORIZACIÓN, CULPA, PREJUICIOS Y SOBRE TODO, MALA ONDA.

**AMIGONIA**

**FLAKUS PALUM**

**PHASHYON**

**AMORALIS**

### FLOR DE AMIGA

Si bien las semillas de estas plantas suelen estar enterradas muy profundamente es importante estar atenta para que no se pierdan.

Suelen ser sensibles a los celos, las envidias, etc. pero sobre todo a la falta de atención.

Son muy alegres en grupo pero solas también otorgan una compañía inigualable.

Los buenos ejemplares soportan bien los trasplantes los desplantes y los planteos.

Muy apropiada para el sol o la sombra.

...Y bien cuidada florece todo el año.

### FLOR DE DIETA
O TAMBIÉN LLAMADA
### FLOR DE LOMO

Se suele plantar los días lunes.

Son difíciles de cultivar se necesita tener bastante tiempo, la constancia de una ex-esposa resentida y la voluntad de un alcohólico recuperado.

Si bien existen infinidad de trucos para su desarrollo, funciona uno sólo: dejar de comer.

...Y correr, saltar, moverse, transpirar, transpirar...

Es de cuidado permanente ya que se rompe con facilidad

Se riega con dos o tres litros diarios de agua mineral.

### FLOR DE LOOK

Se recomienda revolver minuciosamente su cantero/ropero y mezclar bien.

Es muy importante tener en cuenta el lugar y la temperatura ya que no todo se adapta a cualquier ambiente.

La edad y el estado de la tierra de cultivo es fundamental a la hora de elegir la variedad.

La belleza de esta flor radica más en su calidad que en su cantidad.

Y muchas veces la moda atenta contra su desarrollo

El tipo de riego más indicado es el rie..sgo.

### FLOR DE ROMANCE

Como aparece inesperadamente se recomienda tener el terreno preparado, o por lo menos estar más o menos depilada.

Se sabe que es apta para cualquier terreno pero su florecimiento y durabilidad son un misterio.

Crece en jardines, balcones, terrazas, patios, interiores y hasta en la calle

...Evoluciona muy bien en parques y plazas solitarias.

Para los amantes de la horticultura es la flor más buscada

...Y si bien es esencial regarla todos los días, ...hay que tener mucho cuidado de no ahogarla!

Y por supuesto que siempre está bueno tener algo de flor de ~~mala~~ suerte también...!

*maitena*

23

# Las madres y su vocación por competir

# Esas madres inolvidables

AQUELLAS QUE SIEMPRE TE HACEN SENTIR LO IMPORTANTE QUE ES TODO LO QUE HACÉS

...Sí, claro, pero si vos también trabajás ahí...¡Por qué tu nombre no aparece nunca en ningún lado y el de ellos sí..?

Y TE CONSIDERAN TAN GRANDIOSA QUE TODO LES PARECE POCO PARA VOS.

sobre todo tu marido...

COMO NO QUIEREN QUE SUFRAS TRATAN DE QUE NO TENGAS FALSAS EXPECTATIVAS CON LOS HOMBRES

...mirá qué copada tu vieja...¿y cómo lo logró..?

...hablándome mal de mi padre...

Y SON CAPACES DE TODO CON TAL DE TENERTE CERCA.

Sí, sí mami, estoy por subir al avión, sí...¿Pero cómo que te acabás de fracturar la cadera...?!!

SE LES NOTA QUE TE VEN SEGURA, FUERTE, ARMADA, SÓLIDA

...digo, porque nunca intenta defenderte, ni protegerte ni cuidarte, ¿no...?

Y LOGRAN LO QUE SIEMPRE QUISIERON ¡QUE TE PAREZCAS A ELLAS!

¡Oh..!

¡NOO..!

maitena

# ¿Cuándo te das cuenta de que ya estás grande?

Viaje al interior

¿CÓMO QUE TE DA LO MISMO QUE VUELVA A CASA MAÑANA O EL MARTES? ¿QUÉ PASA...? ¡VOS TENÉS OTRO O ANDÁS EN ALGO RARO, MARITA!

# Esas cosas difíciles de sacar

| EL CELOFÁN DE UN COMPACT. | TRES KILOS DE MÁS. | DINERO, DE TU VOCACIÓN. |
| --- | --- | --- |
| UN PELO ENCARNADO. | UNA RESACA ESPANTOSA. | UNA DUDA EXISTENCIAL. |
| EL OLOR A PIS DE GATO. | LA ETIQUETA QUE RASPA. | EL EXCESO DE SAL. |
| LA ROPA, LA PRIMERA VEZ. | EL CONTROL REMOTO A UN HOMBRE. | LA CULPA DE ENCIMA. |

maitena

31

# Esas cosas horribles
## que hacen algunas mujeres con los hombres

# los tres típicos estilos
## que adopta el cuerpo durante el embarazo

## ESTILO VELADOR

CLÁSICO ESTILO DONDE LA PARTE SUPERIOR ES CLARAMENTE DESPROPORCIONADA EN RELACIÓN CON LA INFERIOR.

...PERO MES A MES, AMBAS PARTES TE VAN CRECIENDO DESPROPORCIONADAMENTE

HACIENDO TAMBALEAR TU ANSIEDAD QUE SÍ CORRE SERIO PELIGRO DE DESBORDARSE...

LA ELECCIÓN DE LA ROPA ES FUNDAMENTAL.

EL CORTE PRINCESA Y LA TENDENCIA AL VOLADO PUEDEN ARRUINAR ALGO DE LLEVADO CON LA MISMA ROPA SIEMPRE, SÓLO UNOS TALLES MÁS GRANDES...PUEDE HASTA TENER CIERTA GRACIA. CIERTA.

ANTE NADA QUE DECIR, LOS COMENTARIOS SUELEN SER TIPO: "¿...Y DE CUÁNTO ESTÁS?"

RESPONDER MESES, NO KILOS.

LOS PIROPOS NO EXISTEN. MÁS QUE UNA MUJER SOS:

¡UNA MADRE!

## ESTILO BOA CONSTRICTOR

COMO HASTA LOS SEIS MESES NADIE SE DA CUENTA DE TU ESTADO –Y SÓLO PARECES UNA **GORDITA**– ESTE ESTILO SUELE IR ACOMPAÑADO DE UNA **DESCARADA EXHIBICIÓN DE ZAPÁN.**

LA ROPA, MUY AJUSTADA. GENERALMENTE LA MISMA QUE USASTE SIEMPRE PERO LLEVADA A SU MÁXIMO ESTIRAMIENTO

LOS COMENTARIOS SUELEN SER ENVIDIOSOS Y DEL TIPO: "AY, DEBE SER UN BEBE RÉQUETECHIQUITITO"

LOS PIROPOS SUELEN VENIR CUANDO TE VEN DE ESPALDAS ...PERO INCLUSO RESISTEN LA DADA VUELTA Y PODÉS LLEGAR A ESCUCHAR UN SORPRENDIDO PERO NO POR ESO MENOS HALAGADOR:

¡MA-MI-TA!

## ESTILO TERMOTANQUE

A PARTIR DE LOS TRES MESES YA TE DAN EL ASIENTO EN EL COLECTIVO Y TE DEJAN PASAR SIN HACER COLA.

( BUENO, ALGO POSITIVO TENÍA QUE TENER )

ROPA SUELTA, AMPLIA, NUEVA ...Y HORRIBLE. QUE NO VOLVERÁS A PONERTE NUNCA

...SALVO QUE NO LOGRES DESHACERTE DE LA TONELADA QUE ENGORDASTE Y TENGAS QUE SEGUIR USÁNDOLA... ¡PORQUE ES LA ÚNICA QUE TE ENTRA!

LOS COMENTARIOS SUELEN ESTAR DE MÁS...Y SON DEL TIPO: "¿Y NO SERÁN TRILLIZOS?"

NADIE TE DICE UN PIROPO NI NADA QUE SE LE PAREZCA ...PERO MUCHAS VECES AL ENFRENTAR TU INMENSIDAD CON ALGUIEN, PODÉS LEER EN SUS OJOS DESORBITADOS:

¡¡MAMMA MÍA!!

# Cuatro paradas que insiste en repetir la gente como verdades irrefutables

# Algunas otras diferencias entre una mujer y un travesti

S TRAVESTIS PIENSAN
E PARA SER UNA MUJER
AY QUE TENER LOLAS...

LAS MUJERES PIENSAN QUE LO QUE HAY QUE TENER ES COJONES.

LAS MUJERES SE ESFUERZAN POR DEMOSTRAR LA IGUALDAD DE LOS SEXOS...

LOS TRAVESTIS POR MARCAR LA DIFERENCIA.

AY con lo divertido que es ser una chica divina...

...no entiendo por qué tenés ese look tan espantoso, nena...!!

...con esa manera de pensar sí que sos el prototipo de la mujer típica...

¿demasiado feminista...?

...no, terriblemente machista.

S TRAVESTIS CREEN UE LOS HOMBRES ON MARAVILLOSOS...

LAS MUJERES NO.

LAS MUJERES TIENEN CELULITIS...

LOS TRAVESTIS NO.

Y eso no es lo peor, ALGUNOS hombres también piensan que son maravillosos...

¿Quiénes? ¿ellos?

...no, los travestis

definitivamente la guerra de los sexos no es justa. Primero hubo que superar la envidia del pene y ahora... esto!

# Algunas razones que tiene una mujer para hacerse la cirugía estética

# Esas estúpidas cosas que hace una mujer inteligente, desesperada por una dieta

# Algunas razones por las que hace un año que no tenés sexo

### PORQUE NO TENÉS GANAS

¿Sabés qué pasa? duermo 5 horas, trabajo 18, viajo de un lugar a otro, estoy en mil proyectos, enamorada de lo que hago...

¿Y...no te estará quedando algo pendiente? ...digo, ¿no? con el cuerpo...

Y...sí. Pero si el año que viene tengo unos días ¡...me hago una lipo!

### PORQUE NO TENÉS CON QUIEN

...no puedo creer que en un año no te hayas cruzado con ningún tipo que no fuera gay, que estuviera más o menos bien y que te gustara...

Sí que me cruce... ¡con varios!

...Pero ninguno me dio bola...

### PORQUE NO TENÉS MARIDO

...yo te juro que hasta que no me case no me dejo tocar por un hombre...

hablás como si fueras virgen y tuviste más novios, amantes y sexo que Truman Capote...

...Por eso, estoy harta, lo único que me falta probar es un marido...

Propio.

### PORQUE TENÉS

...uh!, sacarme todo lo que me acabo de poner... tratar de empezar... ¡lograr terminar...! volver al baño, lavarme otra vez, vestirme de nuevo ¡uf!... ¡qué fiaca! m...¿mejor no habrá algo en la tele...?

maitena

41

# Cuatro buenas razones para no vivir en una casa con escalera...

# Algunos paseos que se pueden hacer en la ciudad para sentir que te fuiste de vacaciones

# guía estimativa para calcular
# Cuántos días de vacaciones tomarse

# Confianza

¿...DE DÓNDE SAQUÉ MI PERSONAL TRAINER? ME LO CONSIGUIÓ MI MARIDO, QUE ES MODERNO, AMPLIO... Y ME TIENE ABSOLUTA CONFIANZA...
¡INCREÍBLE, TENÉS SUERTE! ¡...Y MIRÁ LO QUE ES EL TIPO! ¡UN BOMBÓN! ALTO, BUEN MOZO, JOVEN, SEXY, SIMPÁTICO...
...Y GAY.

# Las cuatro primeras cosas que descubrís después de tres días de lluvia en la playa

# Grandes inventos para una vida pequeña

### DULCES SIN AZÚCAR

### CERVEZA SIN ALCOHOL

### CAFÉ SIN CAFEÍNA

### BICICLETA FIJA

### NOVIO POR INTERNET

# Esas cosas que te hacen sentir culpa

## FUMAR MUCHO

## COMERTE TODO

## BEBER DE MÁS

## GASTAR COMPULSIVAMENTE

## DEJAR DE AMAR

# ¡Por qué es tan difícil relajarse en las vacaciones y dejar de preguntarse, ¿Por qué?!

Gelatinosas plagas de la Costa
¡MIRÁ MAMÁ! ¡¡UN AGUA VIVA...!!
MM... ¡NO!, ME PARECE QUE ES UNA SILICONA...
maitena

# Seis lamentables maneras de reconocer al argentino promedio cuando viaja al exterior

# Esas pesadas situaciones que encierra una valija

# Esa vieja costumbre que tenemos las mujeres de quedarnos enganchadas de un hombre

# Cuatro estilos bien definidos para cuatro estilos de mujer

**LADY LIKE**

VA A TENIS
HACE UN CURSO
DE PÁTINAS
Y CUIDA EL JARDÍN.

LE GUSTA
IR A TÉS,
REUNIONES,
CUMPLEAÑOS,
CASAMIENTOS
Ó SIMPLEMENTE
A COMER.

SALE CON
SU MARIDO
O AMIGAS.
VUELVE SIEMPRE
EN RADIO
TAXI.

**SEXY**

VA A LA
CAMA SOLAR
HACE GYM
Y ADORA LAS
SILICONAS.

LE GUSTA IR A
DISCOTECAS CONOCIDAS,
PRODUCIDÍSIMOS RESTÓ
Y FIESTAS DE
LANZAMIENTO DE
MARCAS.

SALE SIEMPRE
ACOMPAÑADA
...AUNQUE SEA
DE UN AMIGO
MEDIO
CHONGO.

**VISIONAIRE**

HACE YOGA,
VA AL ANALISTA
Y ADORA LA
COCINA ÉTNICA.

LE GUSTAR A
VER TEATRO OFF
CINE EXPERIMENTAL
Y VERNISSAGES
DE AMIGOS.

SALE EN
GRUPOS IMPARES
EN LOS QUE
NUNCA ENTENDÉS
QUIÉN ESTÁ
CON QUIÉN.

**LOS 80'**

VA A LA ASTRÓLOGA
HACE KICK BOXING Y
NAVEGA POR INTERNET.

LE GUSTA IR A TODAS LAS
DISCOTECAS, FIESTAS, CREAMS
Y BARES CON ONDA.

SUELE SALIR
SOLA
Y VOLVER
ACOMPAÑADA.

maitena

Algunas cositas que conviene evitar a la hora de adaptar lo que se usa a tu estilo personal...

CONFUNDIR EL ESTILO SPORT-URBANO...

...CON LA ROPA DEPORTIVA DEL GIMNASIO.

RECUPERAR TU ROPA HIPPIE DE LOS AÑOS 60...

...Y PONÉRTELA A LOS 60 AÑOS..!

USAR LOS PANTALONES CARGO LLENOS DE CIERRES Y BOLSILLOS... PERO AJUSTADOS..!

TOMAR LO QUE HACE FUROR... ¡¡Y MEZCLARLO SIN PUDOR..!!

maitena

# Esas típicas notas que las lectoras adoran encontrar en la revista

# Esas diferencias estéticas fundamentales entre ... una chica joven y una mujer de cierta edad

# No lo pienso llamar nunca más en mi vida

# Esa típica incompatibilidad de prioridades

# Algunos cambios de estos últimos 25 años

LOS PADRES AYUDABAN A SUS HIJOS A MANEJAR EL AUTO

...LOS HIJOS AYUDAN A SUS PADRES A MANEJAR LA COMPUTADORA

LO TÍPICO ERA QUE LOS JÓVENES FUERAN COMUNISTAS

...LO TÍPICO ES QUE LOS JÓVENES SEAN CONSUMISTAS

LAS MUJERES SE OBSESIONABAN POR CONSEGUIR UN MARIDO

...LAS MUJERES SE OBSESIONAN POR ENCONTRAR EL HOMBRE DE SU VIDA

EMPEZÁBAMOS A PERDERLE EL MIEDO AL SEXO

...EMPEZAMOS A TENERLE MIEDO AL SIDA

SI TENÍAS UN AMIGO GAY ERAS MEDIO RARO

GOOL!

...SOS MEDIO RARO SI NO TENÉS UN AMIGO GAY

LOS DESORIENTADOS SE ZAMBULLÍAN EN LAS DROGAS PESADAS

LOS DESORIENTADOS SE ZAMBULLEN EN LA LIVIANA NEW AGE

LOS PAÍSES SE DIFERENCIABAN POR SUS USOS Y COSTUMBRES

...LOS PAÍSES SE DIFERENCIAN POR SUS HUSOS HORARIOS

I ♥ SPAIN

LA CIENCIA TRABAJABA PARA CURARNOS

...LA CIENCIA TRABAJA PARA CLONARNOS

ESTÁBAMOS REBOSANTES DE IDEALES

...ESTAMOS DESBORDADOS DE DISEÑO

PARA ACERCARNOS A LOS OTROS LES HABLÁBAMOS

...PARA LLEGAR A LOS DEMÁS NOS COMUNICAMOS

LA MAYOR ASPIRACIÓN ERA SER ALGUIEN

...LA MAYOR ASPIRACIÓN ES SER ALGUIEN FAMOSO

...Y JOVEN

HOLA

CREÍAMOS QUE EN EL PRÓXIMO SIGLO ÍBAMOS A TENER UN MUNDO MÁS JUSTO

...CREEMOS QUE VAMOS A LOGRAR TENER UN MUNDO MÁS JUSTO. ...EN EL PRÓXIMO SIGLO

Esas cosas que nadie te avisa a la hora de darle la teta a tu bebé

# Cuatro momentos de la lactancia para tomarse muy a pecho

# Esas conductas horribles que te genera la envidia frente a las mujeres lindas

# Esas personas a las que les resulta tan fácil ...que es difícil de creer

**LA CONTRADICTORIA EQUILIBRADA**

Tengo totalmente ordenado ni desorden... en el medio de mi caos yo encuentro todo... ¿viste?

**LA QUE ESTÁ DE VUELTA SIN HABER IDO**

Yo cocino muy poco, casi nada... eso sí... cuando cocino, ¡soy una experta..!

CKL!

**LA EGOÍSTA POR ALTRUISMO**

¡a mí me enloquecen los chicos! ¡tendría mil! ...pero no tengo porque viajo mucho... ¿sabés? ¡¡y me parece terrible no atenderlos como se merecen, pobrecitos...!!

**LA RESENTIDA CON SOPORTE IDEOLÓGICO**

...son unos machistas, no me tomaron porque soy mujer..! Igual, yo prefiero seguir sin publicar antes que trabajar en ésas revistas famosas y vacías..!

Pst!

**LA DESBORDADA CON LÍMITES**

...está bien, yo bebo, fumo y otras intoxicaciones... pero no por dependencia..... ¡es porque me gusta! Yo cuando quiero, ¡dejo..!!

**LA SUPERADA AFECTIVA**

¿Y a mí qué me importa que sea casado? ¡Problema de él!, yo con tenerlo un par de noches por semana, ¡estoy hecha, querida..!

maitena

71

# El día después ...de las fiestas

# Eso que ya sabés de la fiesta de esta noche

# El vestidito negro

# Como le gusta a Él

todos los caminos conducen a la heladera

¡ME QUIERE...

...NO ME QUIERE!

¡ME QUIERE!

¡NO ME QUIERE!

¡ME QUIERE!

¡NO ME QUIERE!

# Esas pilosas preguntas que nunca hacemos en las peluquerías

¿POR QUÉ SIEMPRE TE LAVAN EL PELO AUNQUE LO TENGAS LIMPIO?

¿POR QUÉ EN LOS LAVADEROS NUNCA TE LLEGAN LOS PIES AL SUELO?

¿POR QUÉ SI PEDÍS QUE TE CORTEN UN CENTÍMETRO TE CORTAN SEIS?

¿POR QUÉ SI TE LAVAN EL PELO CON LO MISMO QUE EN TU CASA SIEMPRE LES QUEDA MEJOR?

¿POR QUÉ EL SISTEMA DE PROPINAS ES TAN INCIERTO COMO INCÓMODO?

¿POR QUÉ ESE CORTE TAN DIVINO QUE TE HICIERON DESPUÉS DE LAVARTE EL PELO NUNCA SERÁ EL MISMO?

# antes y después del amor

# ¡Esas increíbles cosas que pensábamos cuando nos enamoramos...!

QUE JAMÁS PODRÍAMOS DECIRNOS ALGO FEO O ENOJARNOS

QUE NADA PODÍA SER MÁS IMPORTANTE QUE SU OPINIÓN

QUE NUNCA LE ENCONTRARÍAMOS UN DEFECTO

QUE SIEMPRE ¡ÍBAMOS A QUERER ESTAR JUNTOS

# Se acabó la moda sin definición ahora lo que se usa ¡es parecer un hembrón!

# Esos comentarios que delatan que de la moda de esta primavera ...usted no entiende nada

# Cómo te cambia la vida el primer año del bebé

LO PRIMERO QUE HACE ÉL AL DESPERTARSE ES LEER EL DIARIO.

LO PRIMERO QUE HACE ELLA ES LA MAMADERA.

¿te alcanzo "espectáculos"?

¡NO, alcanzame unos pañales!!

CHUP CHUP

CUANDO ÉL SE VA A TRABAJAR SE SIENTE...LIBERADO.

CUANDO ELLA SE VA A TRABAJAR SE SIENTE... CULPABLE.

¿no querés que esta noche se la dejemos a tu vieja y salgamos a divertirnos un poco...?

¿SOLOS?

EN SUS RATOS LIBRES ÉL VE FÚTBOL, LEE O CHARLA CON AMIGOS.

EN LOS SUYOS ELLA SE OCUPA DE LA ROPA, EL MÉDICO O LA PELUQUERÍA...DEL BEBÉ.

...vos dramatizás mucho... dejámelo a mí y andate a dar una vuelta que estás muy nerviosa...

....!!!

LO QUE MÁS EXTRAÑA ÉL ES EL SEXO.

LO QUE MÁS EXTRAÑA ELLA ES DORMIR.

¡dale, vení! por lo menos hagamos el hermanito...

?

ni se te ocurra tocarme!

maitena

# Algunas razones por las que nadie tiene la culpa de lo que nos pasa...

# En la pareja, la tolerancia, ¿es la clave del éxito?

# antes y después del primer año

# Cría niños sin límites y te sacarán... todo

# Algunas otras drogas peligrosas

# a veces la ideología te mata

# Algunas vicisitudes de la vida del artista

# No es lo mismo tener...

mitens

# índice

Esta edición de 5.000 ejemplares se terminó de imprimir en
Indugraf S.A., Sánchez de Loria 2251, Buenos Aires,
en el mes de mayo de 2004.
www.indugraf.com.ar